Zoo

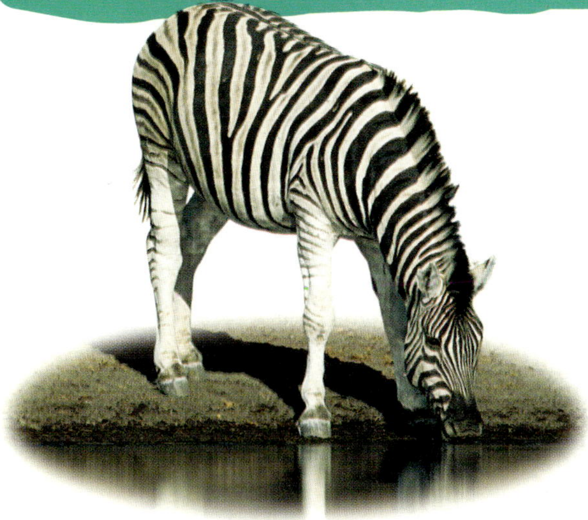

Written by Roscoe Murphy

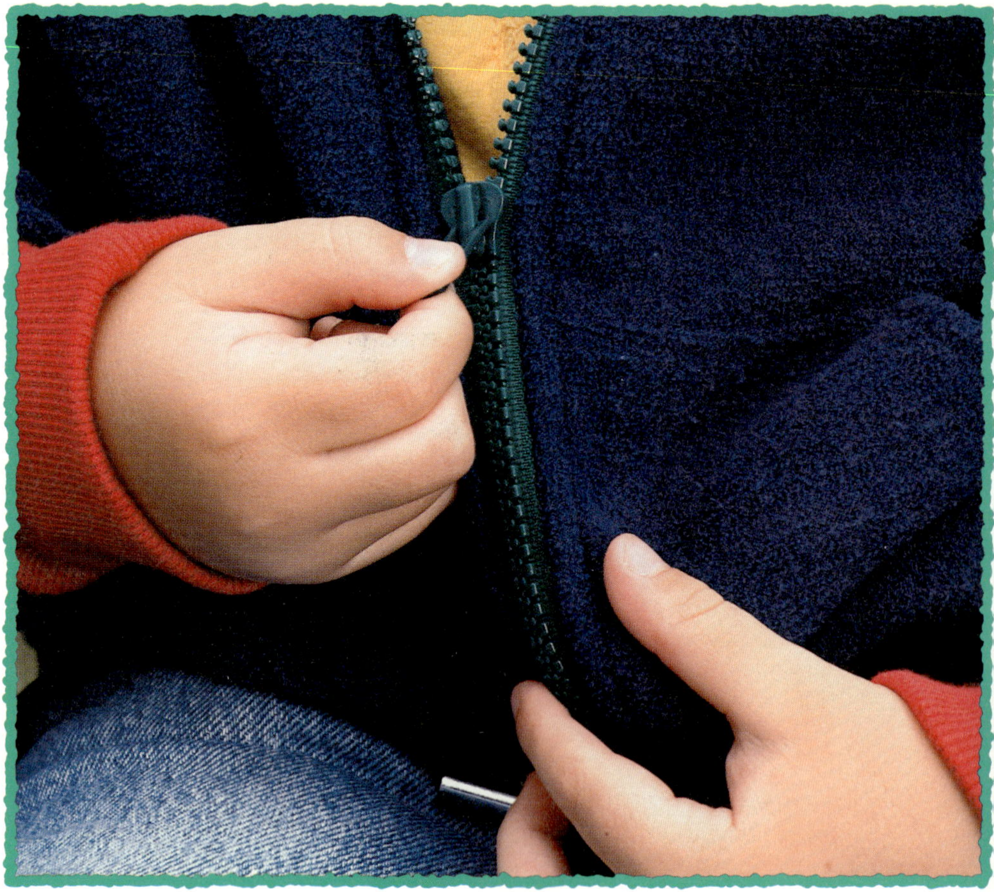

zipper

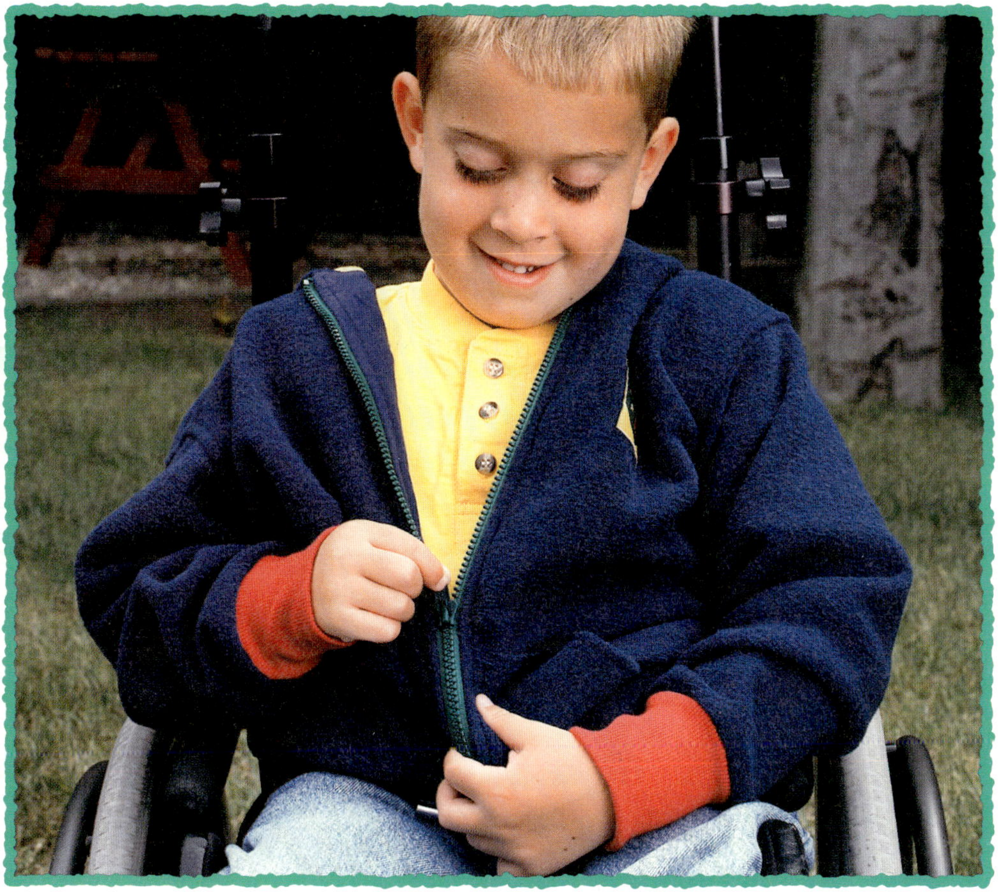

zip

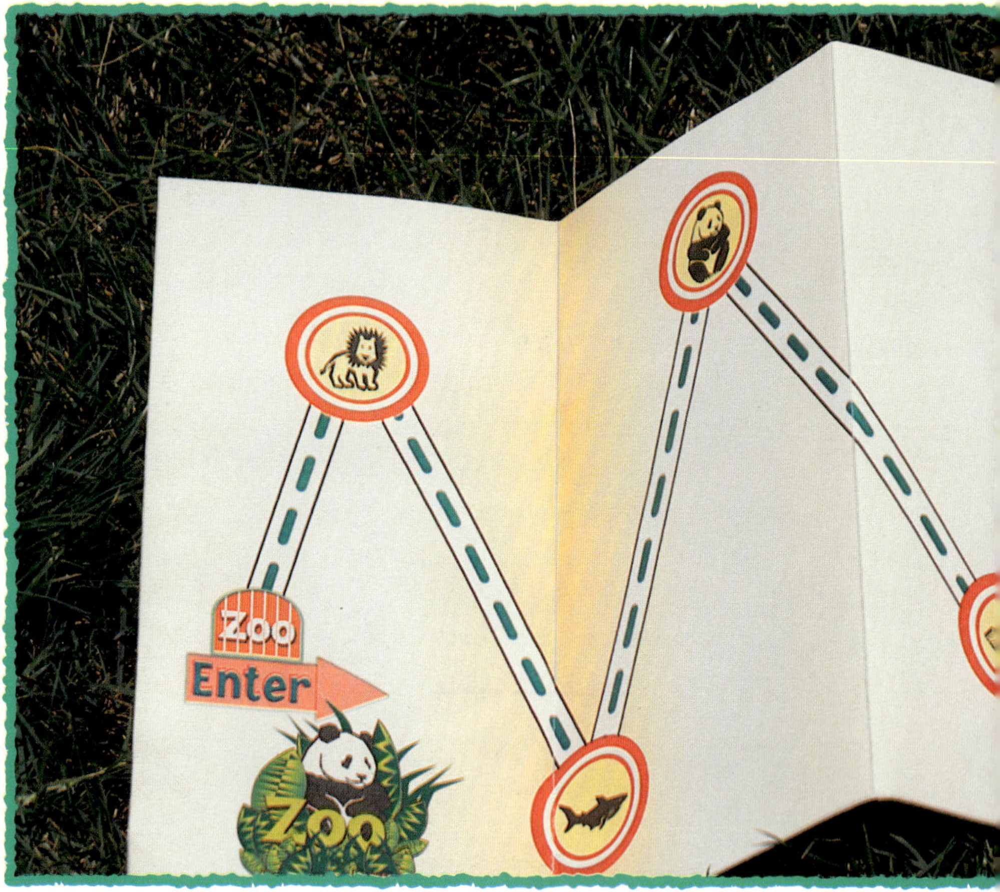

zig zag

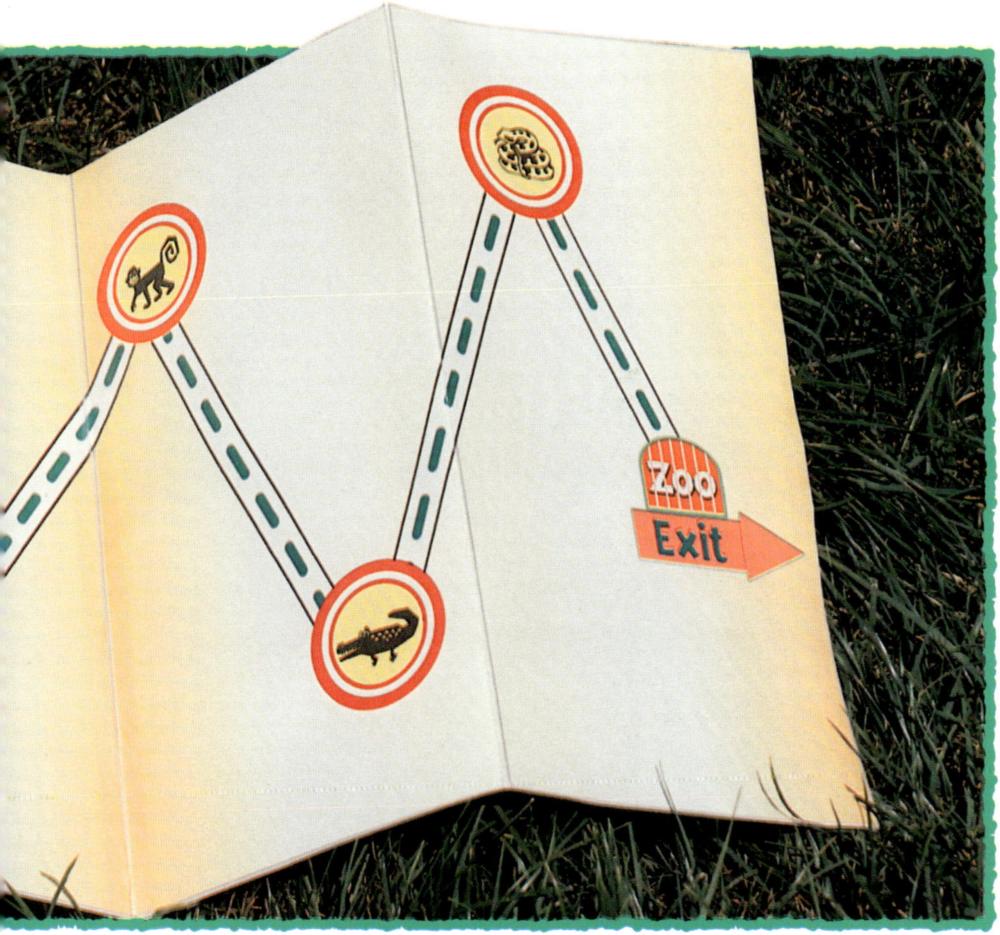
Zoo
Exit

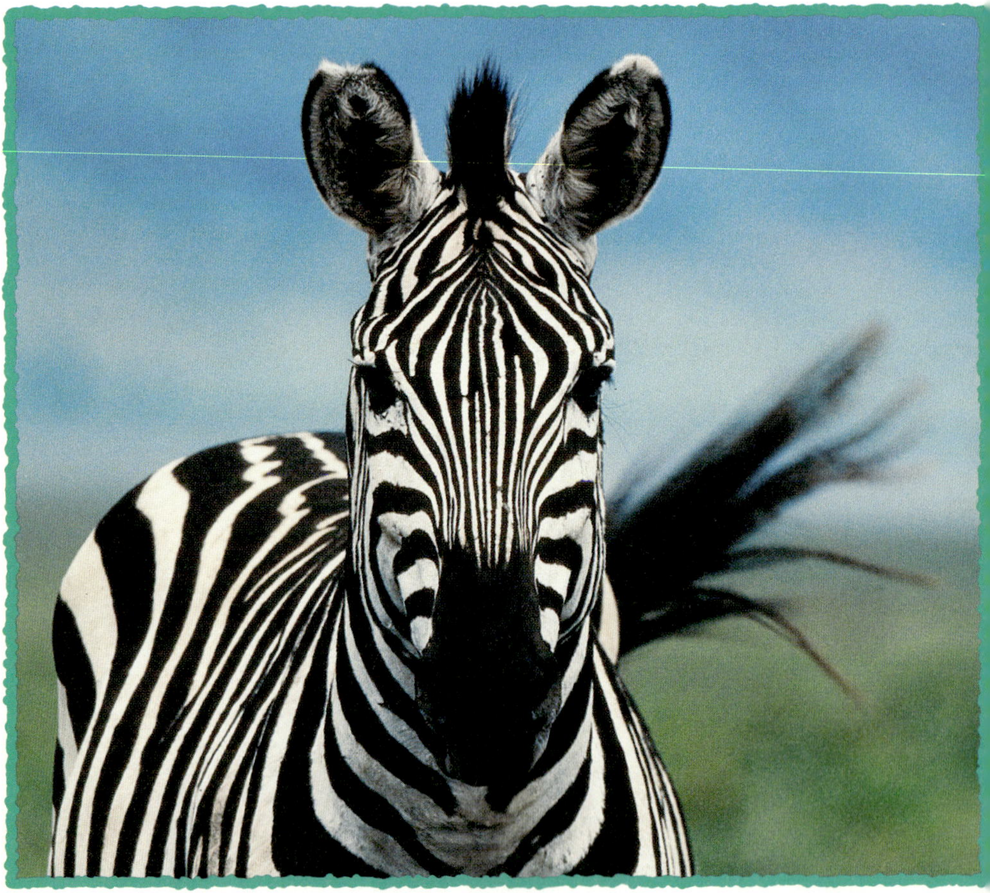

zebra

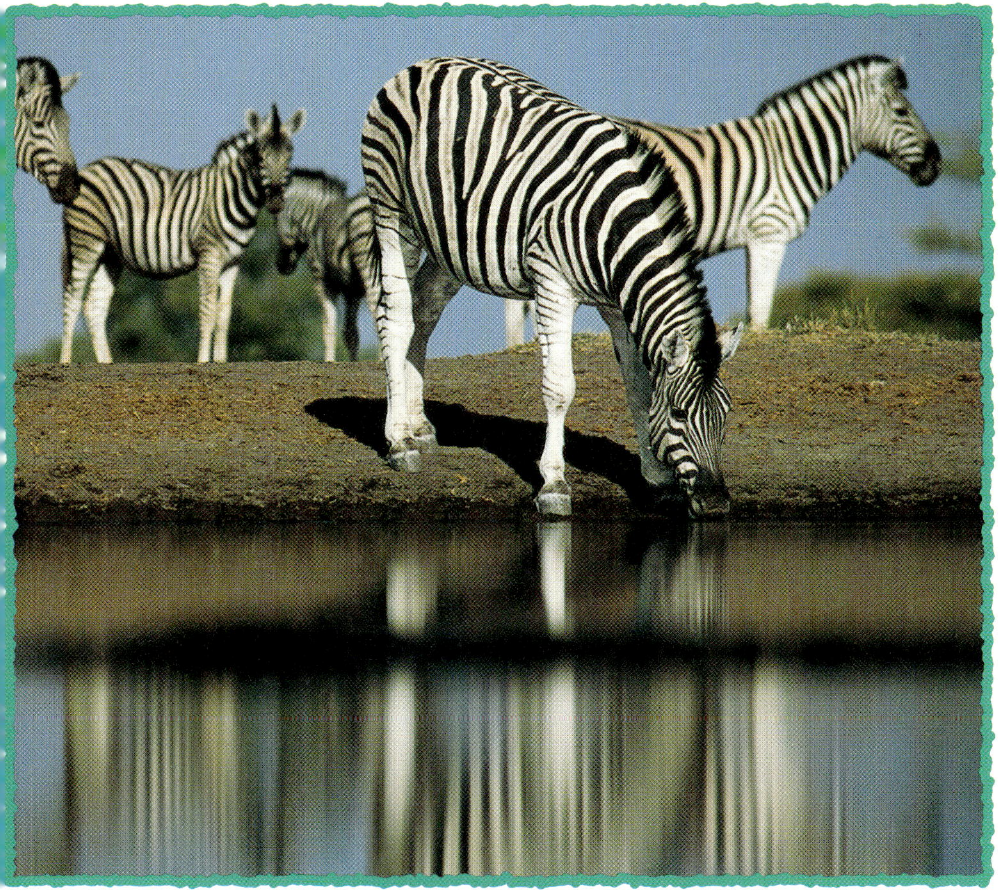

zebras

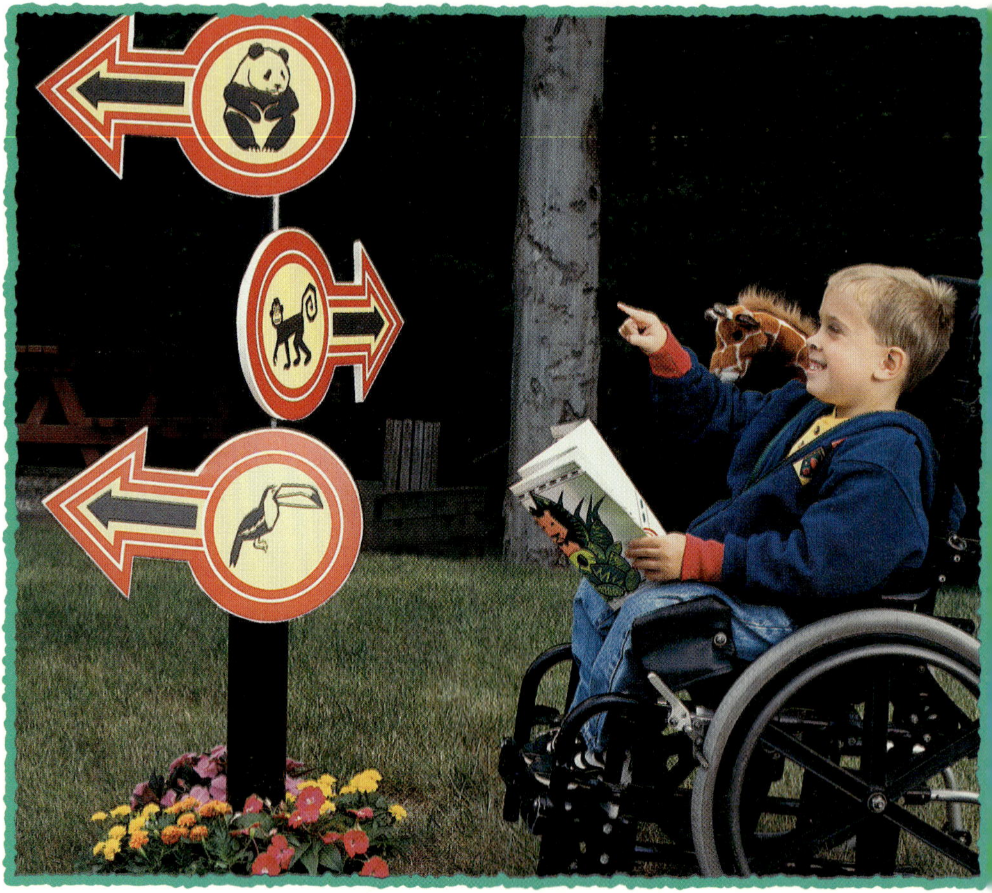

Zoo!